![小跳豆 Jumping Bean 幼兒生活安全故事系列]

我不亂放玩具

U0114878

新雅文化事業有限公司
www.sunya.com.hk

小跳豆
幼兒生活安全故事系列
跟着跳跳豆和糖糖豆一起注意安全守則！

幼兒在成長的過程中，喜歡到處探索，喜歡用眼睛看世界。他們必會對各種事物都充滿好奇，但同時毫無防備，往往做出一些危險的行為，例如爬窗、玩火、在馬路上亂跑、玩自動門等。為避免幼兒發生意外和受傷，家長可以結合幼兒的生活進行安全教育，提高孩子的自我保護意識和能力。

《小跳豆幼兒生活安全故事系列》共 6 冊，透過跳跳豆和糖糖豆的日常生活經歷，指導幼兒要注意安全，不要爬窗、不亂放玩具、不亂進廚房、小心玩水、小心過馬路和不要玩自動門等等。

書後設有「親子小遊戲」，以有趣的形式幫助孩子認識各種安全守則。「安全評分區」讓孩子給自己的日常表現評評分，鼓勵他們自我檢測一下自己的安全意識和能力。

讓親子閱讀更有趣！

　　本系列屬「新雅點讀樂園」產品之一，若配備新雅點讀筆，爸媽和孩子可以使用全書的點讀和錄音功能，聆聽粵語朗讀故事、粵語講故事和普通話朗讀故事，亦能點選圖中的角色，聆聽對白，生動地演繹出每個故事，讓孩子隨着聲音，進入豐富多彩的故事世界，而且更可錄下爸媽和孩子的聲音來說故事，增添親子閱讀的趣味！

　　「新雅點讀樂園」產品包括語文學習類、親子故事和知識類等圖書，種類豐富，旨在透過聲音和互動功能帶動孩子學習，提升他們的學習動機與趣味！

想了解更多新雅的點讀產品，請瀏覽新雅網頁(www.sunya.com.hk)或掃描右邊的QR code進入 。

如何使用新雅點讀筆閱讀故事？

1. 下載本故事系列的點讀筆檔案

1. 瀏覽新雅網頁(www.sunya.com.hk) 或掃描右邊的QR code 進入 新雅・點讀樂園 。

2. 點選 下載點讀筆檔案 ▶ 。

3. 依照下載區的步驟說明，點選及下載《小跳豆幼兒生活安全故事系列》的 點讀筆檔案至電腦，並複製至新雅點讀筆的「BOOKS」資料夾內。

2. 啟動點讀功能

開啟點讀筆後，請點選封面右上角的 新雅・點讀樂園 圖示，然後便可翻開書本， 點選書本上的故事文字或圖畫，點讀筆便會播放相應的內容。

3. 選擇語言

如想切換播放語言，請點選內頁右上角的 粵/中 普/口 普 圖示，當再次點選內 頁時，點讀筆便會使用所選的語言播放點選的內容。

4. 播放整個故事

如想播放整個故事，請直接點選以下圖示：

5. 製作獨一無二的點讀故事書

爸媽和孩子可以各自點選以下圖示，錄下自己的聲音來說故事！

1 先點選圖示上 爸媽錄音 或 孩子錄音 的位置，再點 OK，便可錄音。

2 完成錄音後，請再次點選 OK，停止錄音。

3 最後點選 ▶ 的位置，便可播放錄音了！

4 如想再次錄音，請重複以上步驟。注意每次只保留最後一次的錄音。

爸媽請使用
這個圖示錄音

孩子請使用
這個圖示錄音

糖糖豆是個好孩子，
每到晚飯的時間，
她會跟媽媽走進廚房，
幫忙拿碗碟到飯廳去，
媽媽笑着說：「碗碟容易摔破，
小孩子不好拿，
請你幫媽媽拿餐墊吧！」

晚飯後，糖糖豆還會幫忙丟果皮。
外祖父豎起大拇指，說：
「糖糖豆真乖，會幫忙收拾東西，
但記得別亂跑亂跳，小心摔倒呀！」
「知道了，外祖父。」糖糖豆說。

可是糖糖豆有一個壞習慣，
每當她走路時，總愛又跑又跳，
外祖父時常提醒她說：
「別亂跑，小心跌傷呀！」

有一天，糖糖豆做完了功課，
便拿出心愛的玩具來玩。
地上堆放着各種玩具，一片凌亂。

糖糖豆玩厭了，
便爬上沙發，東碰西撞，
還模仿「超人」飛躍的動作跳下來！

「哎喲！」
糖糖豆給玩具車絆倒，
向前一滑，撞到桌邊。

17

媽媽輕輕撫摸糖糖豆的額頭説：
「痛不痛？」
糖糖豆點點頭。
媽媽一邊替她護理傷口，一邊問：
「你以後不要亂跳了，知道嗎？」
糖糖豆點點頭。

媽媽説：

「玩耍後，不把玩具收拾好，

就不再給你買新的了！

知道嗎？」

「知道了！」糖糖豆回答道。

糖糖豆聽從媽媽的話，
把玩具放回玩具箱裏。

可是，
糖糖豆沒有把玩具箱放好，
便跑開了。
「糖糖豆！」外祖父在喊她。
「哎喲！」
外祖父給玩具箱絆倒了。

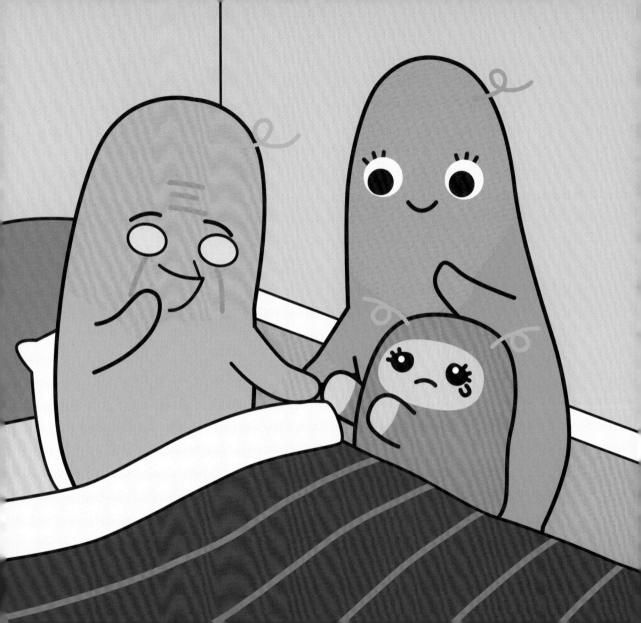

外祖父碰傷了膝蓋，躺在牀上休息。
「外祖父，對不起
我不該亂放東西啊！」
糖糖豆說着說着，很想哭呢！

從此，糖糖豆不用媽媽吩咐，
也會自動把玩具收拾好，放回房間裏。
媽媽稱讚她說：
「糖糖豆能夠把東西收拾好，
我們的家現在多整潔、多舒服啊！」
糖糖豆得到媽媽的讚許，
高興極了。

小朋友，你懂得把下面的玩具分類嗎？根據玩具箱上的分類指示，把代表各件玩具的英文字母填在玩具箱上。

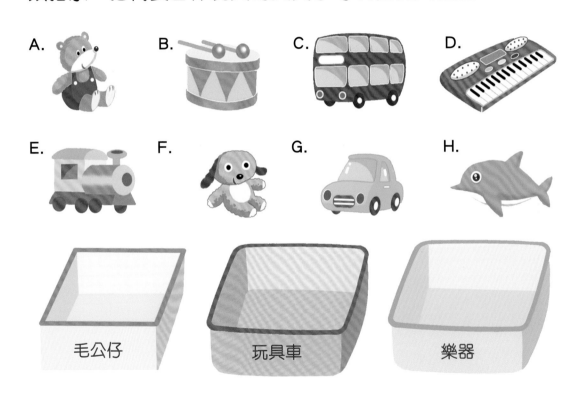

A.　　B.　　C.　　D.

E.　　F.　　G.　　H.

毛公仔　　玩具車　　樂器

小朋友，以下這些都是你應該掌握的生活安全小常識啊！
你做得到的話，請你把 ♡ 填上顏色。然後跟爸爸媽媽說
一說，你獲得多少個 ♡ 。

不亂扔玩具。 ♡

不拿旋轉椅當玩具。 ♡

不在樓梯扶手上溜滑梯。 ♡

不隨便吞食藥丸。 ♡

不往耳朵或鼻孔裏塞東西。 ♡

小跳豆幼兒生活安全故事系列

我不亂放玩具

原著：秋千

改編：新雅編輯室

繪圖：何宙樺

責任編輯：劉紀均

美術設計：鄭雅玲

出版：新雅文化事業有限公司

香港英皇道499號北角工業大廈18樓

電話：(852) 2138 7998

傳真：(852) 2597 4003

網址：http://www.sunya.com.hk

電郵：marketing@sunya.com.hk

發行：香港聯合書刊物流有限公司

香港荃灣德士古道220-248號荃灣工業中心16樓

電話：(852) 2150 2100

傳真：(852) 2407 3062

電郵：info@suplogistics.com.hk

印刷：中華商務彩色印刷有限公司

香港新界大埔汀麗路36號

版次：二〇二一年七月初版

二〇二四年四月第三次印刷